# BEI GRIN MACHT SICH IHR WISSEN BEZAHLT

- Wir veröffentlichen Ihre Hausarbeit,
  Bachelor- und Masterarbeit

- Ihr eigenes eBook und Buch -
  weltweit in allen wichtigen Shops

- Verdienen Sie an jedem Verkauf

Jetzt bei www.GRIN.com hochladen
und kostenlos publizieren

**Bibliografische Information der Deutschen Nationalbibliothek:**

Die Deutsche Bibliothek verzeichnet diese Publikation in der Deutschen National-bibliografie; detaillierte bibliografische Daten sind im Internet über http://dnb.d-nb.de/ abrufbar.

**Impressum:**

Copyright © 2020 GRIN Verlag
Druck und Bindung: Books on Demand GmbH, Norderstedt Germany
ISBN: 9783346137128

**Dieses Buch bei GRIN:**

https://www.grin.com/document/537370

**Svenja Suntrup**

# Beweglichkeits- und Koordinationstraining

## Erstellung eines Trainingsplanes für einen Studenten mit Literaturrecherche.

GRIN Verlag

Deutsche Hochschule für

Prävention und Gesundheitsmanagement

Hermann Neuberger Sportschule 3

66123 Saarbrücken

# Einsendeaufgabe

**Fachmodul**:            Trainingslehre 3

**Studiengang**:         Fitnessökonomie

**Datum**
**Präsenzphase**         **16.12.-18.12.2019**

**Name, Vorname**:     Suntrup, Svenja

**Studienort:**          **Stuttgart**

**Semester:**           **WiSe17**

# Inhaltsverzeichnis

# 1 Personendaten

## 1.1 Anamnese

Tabelle 1: Anamnese der Testperson

| Allgemeine Daten | |
|---|---|
| Alter | 20 Jahre |
| Geschlecht | weiblich |
| Körpergröße | 172cm |
| Körpergewicht | 59kg |
| Trainingsmotive | - Verbesserung der Beweglichkeit<br>- Ausgleich zur monotonen Körperhaltung im Alltag<br>- Körperhaltung verbessern |
| Berufliche Tätigkeit | - Studentin für Wirtschaftswissenschaften<br>- Aushilfe in einem Fitnessstudio (1x pro Woche 6h) |
| Aktuelle sportliche Aktivitäten | 2x wöchentliches Krafttraining für jeweils 45-60 Minuten |
| Frühere sportliche Aktivitäten | Ab dem 4. Lebensjahr Schwimmen im Verein (2 Trainingseinheiten pro Woche) und ab dem 8. bis 18. Lebensjahr Leistungsschwimmen im Verein (4 Trainingseinheiten pro Woche) |
| Zeitlicher Verfügungsrahmen | 3 Trainingseinheiten pro Woche jeweils 60min |
| Orthopädische Probleme | keine |
| Internistische Probleme | keine |
| Ärztliche Behandlungen | keine |
| Einnahme von Medikamenten | Thyroxin |
| Belastbarkeit/ Trainierbarkeit | Sehr hoch |

Die Testperson weist einen natürlichen Gesundheitszustand auf. Die Schilddrüsenunterfunktion führt zu keinerlei körperliche Einschränkungen im Hinblick auf ihre Trainingsplanung und Belastbarkeit, da sie durch die Medikamentendosierung sehr gut eingestellt ist. Aktuell trainiert sie 2 mal wöchentlich im Fitnessstudio, um mehr Bewegung in den Alltag zu integrieren. Jedoch klagt sie über nächtliche Wadenkrämpfe. Demnach kann sie sich uneingeschränkt belasten und trainieren.

# 2 Beweglichkeitstestung

Tabelle 2: Beweglichkeitstestung

| Muskel | Beschreibung/ Ausführung der Übung | Bewertung in Stufen: 0 = keine Beweglichkeitsdefizite 1 = leichtes Beweglichkeitsdefizit 2 = Beweglichkeitsdefizit | Ergebnis |
|---|---|---|---|
| M. pectoralis major | Die Testperson liegt zur Testung der Brustmuskulatur in Rückenlage mit angewinkelten Beine auf der Behandlungsliege. Die Füße liegen auf der Liege auf, so dass das Becken stabil aufliegt. Der Oberarm wird wird durch eine Abduktion im Schultergelenk außenrotiert. Das Ellbogengelenk befindet sich in einem 90° Beugewinkel und wird seitlich von der Liege positioniert. | 0 = Oberarm erreicht die Horizontale → keine Beweglichkeitsdefizite 1= Die Horizontale Ebene wird nur durch leichten Druck des Testers erreicht → leichte Beweglichkeitsdefizite 2= Die Horizontale wird nicht unter Druckausübung der Tester erreicht | Rechter Arm = 0 Linker Arm = 0 |
| M. iliopsoas | Die Testperson liegt in Rückenlage auf der Behandlungsliege und das Gesäß wird an der Vorderkante der Liege platziert. Ein Bein wird mit den Händen zur Brust gezogen. Das andere Bein hängt im Überhang herunter. | 0= Oberschenkel erreicht die Horizontale 1= Nur unter leichte Druckausübung des Testers wird die Horizontale erreicht 2= Der Oberschenkel erreicht unter Druck des Testers die Horizontale nicht | Rechtes Bein = 0 linkes Bein = 0 |
| M. rectus femoris | Die Testperson legt sich in Rückenlage mit dem Gesäß an die Kante der Liege und die Beine hängen herunter. Ein Bein wird von der Testperson angewinkelt und größtmöglich gebeugt. Das andere zu testende Bein wird vom Tester in maximaler Hüftstreckung fixiert. | 0 = der Unterschenkel hängt senkrecht herab 1 = Der Unterschenkel erreicht nur unter Druck des Testers, sodass ein 90° Winkel im Kniegelenk entsteht 2 = Der Unterschenkel ist sichtbar nach vorne gestreckt und erreicht auch unter Druck eines Testers keinen 90° Winkel im Kniegelenk. | Rechtes Bein = 0 linkes Bein = 0 |
| Mm. ischiocrucales | Die Testperson liegt in Rückenlage auf der | 0 = 90° Flexion des Hüftgelenks möglich | Rechts = 1 Links = 1 |

| | Behandlungsliege. Das nicht zu testende Bein wird auf der Liege aufgestellt. Das andere Bein wird mit ausgestrecktem Kniegelenk am Fußgelenk nach oben geführt, bis zur maximale Hüftflexion. | 1 = 80°- 90° Flexion im Hüftgelenk möglich 2 = Hüftflexion nur unter 80 ° möglich | |
|---|---|---|---|
| Mm. triceps suarae | Die Testperson liegt in Rückenlage. Das nicht zu testende Bein steht angewinkelt auf der Liege. Das zu testende Bein ragt mit dem Unterschenkel über die Liege heraus. Der Tester zieht die Ferse in distale Richtung und drückt gleichzeitig mit der anderen Hand gegen der Vorfuß in Richtung Schienbein. | 0 = Dorsalextension bis mindestens 0° 1 = erreichen der 0° Stellung ist nicht möglich 2 = Dorsalextension bis 10 ° möglich | Rechts = 1 Links = 1 |

Die Testergebnisse zeigen, dass die Testperson in einer guten Verfassung des Beweglichkeitzustandes ist. Außer bei der ischiocruralen Muskulatur und bei den Mm. Triceps suarae zeigt sich ein leichtes Bewegungsdefizit auf. Das kann am Bewegungsmangel im Alltag liegen.

# 3 Trainingsplanung Beweglichkeitstraining

Die Ziele der Testperson liegen in der Verbesserung der Beweglichkeit und einen Ausgleich zur Alltagshaltung zu schaffen. Dazu kommt das Wiedererlangen der Dehnbarkeit in der ischiocrualen Muskulatur und der triceps surae Muskulatur, da diese in dem Beweglichkeitstest ein leichtes Beweglichkeitsdefizit aufgewiesen haben.

## 3.1 Übungsauswahl

Dehnung der Nackenmuskulatur:

Die Zielmuskulatur ist der M. trapezius pars descendens. Die Dehnmethode ist aktiv statisch. Die Testperson steht mit geradem Rücken und aufrechtem Kopf . Die Beine und Füße stehen hüftbreit. Das Ohr am Kopf neigt sich langsam in Richtung Schulter. Der Blick ist immer nach vorne gerichtet. Die Dehnung startet, in dem die Testperson die gegenüberliegende Schulter aktiv nach unten zieht und für 30 Sekunden unten hält. Der Vorgang wird pro Seite drei mal wiederholt.

Dehnung der Schulterblätter:

Die Zielmuskulatur ist die M. Rhomboideus major und die M. Trapezius. Die Dehnmethode erfolgt aktiv und statisch. Die Testperson steht im aufrechten Stand. Die Beine und Füße stehen hüftbreit. Die Arme werden nach vorne auf Brusthöhe verschränkt. Die Schulterblätter werden aktiv von der Wirbelsäule weg nach außen gezogen und der Kopf neigt sich nach vorne. Diese Position wird für 45 Sekunden gehalten und drei mal wiederholt.

Dehnung der Brustmuskulatur:

Die Zielmuskulatur ist die M. pectoralis major und M. pectoralis minor. Die Dehnmethode erfolgt passiv und statisch, indem die Testperson den Arm im 90° Winkel anhebt und im Ellbogengelenk eine 90° Winkel Flexion aufweist. Die Testperson stellt sich seitlich im Ausfallschritt an eine Wand, so dass der Unterarm an der Wand anlehnt und das gegenüberliegende Bein vorne steht. Der Oberkörper rotiert sich von der Wand weg, bis sich der Brustmuskel anfängt zu dehnen. Die Position wird für 45 Sekunden lang gehalten und drei mal wiederholt.

Dehnung der Oberschenkelrückseite:

Die Zielmuskulatur ist die M. biceps femoris. Die Dehnmethode erfolgt postisometrisch, wobei die Testperson im hüftbreiten Stand steht und sich dann langsam nach unten in eine Rumpfbeuge abrollt bis eine leichte Dehnung zu spüren ist und kontrahiert in dieser Position isometrisch die ischiocrucale Muskulatur für zehn Sekunden. Nach einer kurzen Pause von 20 Sekunden nimmt die Testperson wieder die Position ein und dehnt nochmal für weitere 10 Sekunden. Dieser Vorgang wiederholt sich drei mal für 60 Sekunden. (Weineck, 2004, S.362)

Dehnung der Beinbeugemuskulatur:

Die Zielmuskulatur ist der M. biceps femoris und die Dehnmethode wird passiv dynamisch durchgeführt. Die Testperson sitzt auf ihren Sitzhöckern am Boden und die Beine sind nach vorne ausgestreckt. Nun versucht die Testperson die Zehenspitzen so weit wie möglich zum Körper zu ziehen und langsam im Wechsel wieder zu lösen. Dieser Vorgang wird drei mal für 45 Sekunden lang durchgeführt.

Dehnung der Oberschenkelvorderseite:

Die Zielmuskulatur ist die M. quadriceps femoris, welche passiv, dynamisch gedehnt wird. Die Testperson steht aufrecht auf einem Bein. Das zu dehnende Bein wird am Fußgelenk umfasst und nach hinten zum Gesäß gebeugt. Die Oberschenkel sind parallel nebeneinander und die Knie auf selber Höhe. Nun wird das Becken leicht gekippt, sodass eine Dehnung im Oberschenkel entsteht. Damit eine dynamische Bewegung entsteht, kippt das Becken im Wechsel nach einigen Sekunden immer wieder vor und zurück in die Ausgangsposition. Die Bewegung wird pro Seite drei mal durchgeführt und 45 Sekunden lang gehalten.

Dehnung der Adduktoren:

Die Zielmuskulatur ist die M. adductor longus und M. adductor magnus und die Dehnmethode verlauft passiv statisch. Die Testperson sitzt mit ausgestreckten Beinen am Boden auf den Sitzhöckern und der Rücken bleibt gerade. Die Beine werden so weit wie möglich nach außen gespreizt bis die Dehnung eintritt. Zusätzlich kann der Oberkörper leicht nach vorne gebeugt werden um die Dehnung zu verstärken. Der Vorgang wird 3 mal Wiederholt und 45 Sekunden lang gehalten.

Dehnung des großen Gesäßmuskels:

Die Zielmuskulatur ist der M. gluteus maximus. Die Dehnmethode verläuft passiv statisch, indem sich die Testperson auf den Rücken legt und ein Bein ausgestreckt am Boden liegen lässt. Das andere Bein wird angewinkelt und am Knie gefasst, so dass es gut Richtung Brust gezogen werden kann bis eine Dehnung zu spüren ist. Diese Position wird für 45 Sekunden gehalten, danach wird die Seite gewechselt. Die Übung wird drei mal pro Seite wiederholt.

Dehnung der Wadenmuskulatur:

Die Zielmuskulatur ist die M. gastrocnemius und der M. Soleus. Die Dehnmethode verläuft passiv dynamisch. Die Testperson steht mit einem Bein nach hinten, wobei die Ferse am Boden fixiert ist. Das anderen Bein steht stabil und leicht angewinkelt am Boden. Beide Füße zeigen nach vorne. Der gerade Oberkörper wird so weit nach vorne geschoben bis eine Dehnung zu spüren ist und dann in kleinen federnden Bewegungen vor und zurück bewegt. Nach 45 Sekunden passiv dynamischer Bewegung wird die Seite gewechselt und pro Seite drei mal Wiederholt.

Dehnung der Hüftbeugemuskulatur:

Die Zielmuskulatur ist die M. rectus femoris, die Dehnmethode verläuft passiv statisch. Die Testperson begibt sich  auf den Boden in den Kniestand. Der Oberkörper ist aufrecht und der Rücken gerade. Ein Bein wird im Ausfallschritt auf den Boden aufgestellt und fixiert. Die Fußspitze zeigt nach vorne. Nun wird das Gesäß nach vorne geschoben, bis eine Dehnung zu spüren ist. Diese Position wird für 45 Sekunden gehalten und dann wird die Seite gewechselt. Insgesamt wird diese Übung drei mal pro Seite wiederholt.

# 4    Trainingsplanung Koordinationstraining

Definition Koordination:

„Aus neuromuskulärer Sicht bezeichnet  Koordination das Zusammenwirken vom zentralen Nervensystem und Skelettmuskulatur innerhalb eines gezielten Bewegungsablaufs." (Hollmann&Hettinger, 2000).

Tabelle 3: Trainingsplanung

| Belastungsgefü- ge | Trainingshäufigkeit | 3 mal pro Woche |
|---|---|---|
| | Trainingsdauer | 20 Minuten |
| | Sätze | 3 Sätze bis zu 30 Sekunden; 20 Sekunden Pause |

Einbeiniger Stand auf stabiler Unterlage:

Die Testperson steht mit einem Bein auf dem Boden und zieht das Knie des anderen Beines angewinkelt in Richtung Brust nach oben. Rücken und Kopf sind in gerader Linie und die Schultern sind tief. Der Blick ist nach vorne gerichtet. Dieser Stand wird für 30 Sekunden gehalten und danach folgt die Entspannungsphase und beide Beine stehen wieder parallel auf dem Boden.

Einbeiniger Stand auf stabiler Unterlage mit geschlossenen Augen:

Selbe Ausgangsposition (s. Übung 1), nur dass die Testperson die Augen schließt und nun versucht für 30 Sekunden lang diese Position zu halten.

Standwaage auf stabiler Unterlage:

Ein Standbein steht mit einer leichten Flexion im Knie stabil auf dem Boden. Das andere Bein wird nach hinten im 90° Winkel ausgestreckt. Die Arme sind seitlich ausgestreckt, um die Balance zu halten. Der Rücken ist gerade und der Nacken bildet eine Verlängerung zum Oberkörper. Der Blick ist nach unten gerichtet. Diese Position wird wieder für 30 Sekunden lang gehalten.

Standwaage auf stabiler Unterlage mit geschlossenen Augen:

Selbe Ausgangsposition wie bei der Standwaage (s.o.), nur dass zusätzlich die Augen geschlossen werden und für 30 Sekunden wird diese Position lang gehalten.

Beidbeiniger Stand auf Aero-Step:

Die Person steht mit beiden Beinen hüftbreit auf einem Aero-Step. Die Knie sind leicht gebeugt und der Oberkörper steht aufrecht. Die Schultern sind unten und der Blick zeigt nach vorne. Diese Position wird für 30 Sekunden lang gehalten.

Einbeiniger Stand auf Aero-Step:

Die Person steht auf einem Bein und fokussiert sich darauf das Gleichgewicht für 30 Sekunden lang zu halten. Die Arme sind seitlich ausgestreckt um die Balance zu halten.

Beidbeiniger Stand auf dem Bosu-Ball:

Nun stellt sich die Probandin mit beiden Beiden (s.o.) auf die flache Seite des Bo-su-Balls. Die Knie sind wieder leicht gebeugt und der Blick zeigt nach vorne. Die Balance wird für 30 Sekunden lang gehalten ohne, dass die Probandin absetzen muss.

Beidbeiniger Stand auf dem Bosu-Ball mit Störfaktor Ball:

Die Ausgangsposition wird wieder stabil eingenommen. Zusätzlich wird ein Ball vor sich nach oben geworfen. Die Probandin muss den Ball wieder auffangen. Dieser Vorgang wird für 30 Sekunden lang gehalten, ohne dass der Ball auf den Boden fällt.

Kniebeuge auf dem Bosu-Ball:

Der beidbeinige Stand wird wieder eingenommen. Die Probandin verlagert ihr Gewicht auf die Fersen und geht langsam so tief wie möglich nach unten in die Kniebeuge.

Kniebeuge auf dem Bosu-Ball mit geschlossen Augen:

Die Person führt die oben genannte Übung aus und schließt dabei die Augen.


Die gewählten Übungen bauen progressiv aufeinander auf. Angefangen wird mit eifa-chen Übungen, die nach und nach gesteigert werden und koordinativ schwieriger, damit die Probandin die Wahrnehmung ihres eigenen Körpers durch die unterschiedlichen Bewegungen der Muskulatur und der Gelenke trainiert. Die Probandin sollte mindestens drei mal pro Woche die Koordinationsübungen durchführen und 20 Sekunden Pause zwischen den drei Sätzen lassen.

# 5 Literaturrecherche

Tabelle 4: Literaturrecherche

|  | Studie 1 | Studie 2 |
|---|---|---|
| Wer hat die Studien durchgeführt? | Cross, Kevin M. Und Worrel, Ted W. | Ruan, M, Zhang, Q, and Wu, X. |
| In welchem Jahr wurden die Studien publiziert? | 1999, März | 2017, Mai |
| Welche Forschungsfrage wurde untersucht? | Wie verändert sich das Verletzungsrisiko der Sportler durch Dehnen der Muskulatur ? | Reduziert statisches Dehnen des M. biceps femoris mögliche auftretende Muskelverletzungen ? |
| Mit welchen Versuchspersonen wurden die Studien durchgeführt? | 195 Footballspieler zwischen 17 und 20 Jahren | 12 weibliche Athletinnen eines Colleges zwischen 20 und 21 Jahren. Alle haben mindestens seit drei Jahren Trainingserfahrungen. Die Athletinnen kannten sich zwar mit den verschiedenen Dehnmethoden aus, wussten jedoch nicht dass sie an einer Studie mitmachten. |
| Wie sah der Versuchsaufbau der Studien aus? | Cross und Worrell wollten herausfinden, in wie Weit sich das Verletzungsrisiko der Footmallmannschaft durch ein zusätzliches Dehntraining vor dem Konditionstraining auswirkt. Hauptsächlich wurden die Muskelgruppen der Beine gedehnt, wie die Oberschenkelmuskulatur( M. Biceps femoris und M. quadriceps femoris), dann die Adduktoren (M. adduktor longus), die Wadenmuskulatur (M. Gastrocnemius) und weitere Muskelsehnengruppen. Die Footballmannschaft trainierte in der Saison von 1994 ohne zusätzliches Dehntraining. Zum Vergleich trainierte die Mannschaft eine Saison später im Jahre 1995 mit dem Dehnprogramm vor dem Sprinttraining. | Die Athletinnen mussten zwei Übungen ausführen. Die erste Übungen waren Stop-Jumps und die zweite Übungen „cutting tasks". Diese Übungen wurden ausgewählt, da diese ein besonders hohes Verletzungsrisiko haben. Sechs der Athletinnen dehnten sich vor dem training statisch die hintere Oberschenkelmuskulatur (M. biceps femoris). Die anderen sechs dehnten sich nicht. Der Versuch wurde an zwei Tagen durchgeführt, damit es keinen Unterschied macht, welche der Athletinnen sich am ersten oder am zweiten Tag vor dem Training dehnt. |
| Welche relevanten Ergebnisse und Schlussfolgerungen lieferten die Studien? | Aus den Testergebnissen ergab sich ein minimaler Unterschied der zwei Saisons. Ohne das zusätzliche Dehntraining wurden 155 Verletzungen gezählt und mit dem Dehntraining 153 Verletzungen. Das sind nur zwei Verlet- | Die Testergebnisse zeigten, dass sich durch statisches Dehnen des M. biceps femoris die Sprungkraft der Athletinnen um 5,1 % erhöhte und die Leistungsfähigkeit der Stop-Jumps verbesserte sich durch eine erhöhte Kniestreckung. |

| | zungen weniger. Allerdings verringerte sich der Wert der Muskelsehnenverletzungen durch zusätzliches Dehntraining. Von den 155 Verletzungen aus dem Jahre 1994 waren 27,7% Muskelsehnenverletzungen und von den 153 Verletzungen aus dem Jahre 1995 waren davon nur noch 13,7% Muskelsehnenverletzungen. Insgesamt verbesserte sich jedoch das Ergebnis mit dem zusätzlichen Dehntraining. | Allerdings blieb die Startgeschwindigkeit der beiden Übungen die selbe. Das Verletzungsrisiko des Kreuzbandes bei den zwei Übungen ändert sich nicht. |
|---|---|---|

# 6    Literaturverzeichnis

Cross, Kevin M. & Worrell, Ted W. (1999). *Effects of a Static Stretching Program on the Incidence of Lower Extremity Musculotendinous Strains*. Journal of Athletic Training , 34 (1): 11-14.


Häflinger, U. & Schuba, V. (2007). *Koordinationstherapie – propriozeptives Training* (3.Auflage). Aachen: Meyer & Meyer.


Hollmann, W. & Hettinger, T. (2000). Sportmedizin. Grundlagen für Arbeit Training und Präventivmedizin (4. Aufl). Stuttgart: Schattauer.


Janda, V. (2000). *Manuelle Muskelfunktionsdiagnostik* (12 Ausg.). München: Urban & Fischer.


Ruan, Mianfang; Zhang, Qiang; Wu, Xie. (2017). *Acute Effects of Static Stretching of Harmstring on Performance an Anterior Cruciate Ligament Injury Risk During Stop- Jumps and Cutting Tasks in Female Athletes.* Journal of Strength & Conditioning Research. Zugriff am 30.12.2019 unter: https://www.ncbi.nlm.nih.gov/pmc/articles/PMC5400407/


Weineck, J. (2004). *Sportbiologie* (4 Ausg.). Balingen: Spitta.

# 7 Abbildungs- und Tabellenverzeichnis

## 7.1 Abbildungsverzeichnis

## 7.2 Tabellenverzeichnis